BEI GRIN MACHT SICH IHR WISSEN BEZAHLT

Der 3D-Drucker. Überblick und Funktionsweisen

Bibliografische Information der Deutschen Nationalbibliothek:

Die Deutsche Nationalbibliothek verzeichnet diese Publikation in der
Deutschen Nationalbibliografie; detaillierte bibliografische Daten sind
im Internet über http://dnb.d-nb.de abrufbar.

ISBN: 9783389028773
Dieses Buch ist auch als E-Book erhältlich.

© GRIN Publishing GmbH
Trappentreustraße 1
80339 München

Druck und Bindung: Books on Demand GmbH, Norderstedt Germany
Gedruckt auf säurefreiem Papier aus verantwortungsvollen Quellen

Das vorliegende Werk wurde sorgfältig erarbeitet. Dennoch
übernehmen Autoren und Verlag für die Richtigkeit von Angaben,
Hinweisen, Links und Ratschlägen sowie eventuelle Druckfehler keine
Haftung.

Das Buch bei GRIN: https://www.grin.com/document/1478300

FOM – Hochschule für Ökonomie & Management

Studienzentrum Köln

Hausarbeit

über das Thema

3D-Drucker

Überblick und Funktionsweisen

Inhaltsverzeichnis

Abkürzungsverzeichnis

ABS   - Acrylnitril-Butadien-Styrol-Copolymer

CAD   - Computer-aided design

ISO   - International Organization for Standardization

PLA   - Polylactide

VDI   - Verein Deutscher Ingenieure

Abbildungsverzeichnis

1.   Einleitung

Das Thema 3D-Druck ist in den letzten Jahren immer mehr in den Fokus der Öffentlichkeit gerückt. Laut einer im Jahre 2018, im Namen des Bundesverbandes Informationswirtschaft, Telekommunikation und neue Medien e.V. (Bitkom) durchgeführten Studie, setzt jedes vierte Industrieunternehmen auf 3D-Druck. Dies stellt einen Anstieg der Nutzung um 8% im Vergleich zu 2016 dar. Darüber hinaus sichern über 70 Prozent dem 3D-Druck ein disruptives Potential zu[1]. Laut einer anderen repräsentativen Befragung des Digitalverbandes Bitkom, haben 87 Prozent der deutschen Bundesbürger von der Technologie 3D-Druck gehört. 18 Prozent dieser Gruppe haben bereits Objekte mittels 3D-Druck anfertigen lassen. Mehr als die Hälfte der Deutschen, die bisher keinen 3D-Drucker besitzen, können sich den gebrauch von 3D-Druck im Privatbereich jedoch vorstellen. Die vorstellbaren Hauptanwendungsgebiete wären die Herstellung von 3D-Selfies (53%), Accessoires/Schmuck (45%) und Spielzeugen (44%) (Mehrfachnennung möglich)[2][3].

Das Ziel der vorliegen Arbeit ist, einen Überblick über das Thema 3D-Druck zu geben. Es wird insbesondere auf die unterschiedlichen Druckverfahren eingegangen und die Anwendungsfelder und Potentiale herauskristallisiert.

2.   Historie

Die in dieser Arbeit verwendeten Quellen gehen größtenteils leider nicht auf die historische Entwicklung des 3D-Drucks ein. Die wenigen Ausnahmen verweisen auf den Beginn in den 1980er Jahren[4]. Damals wurde das ganze unter dem Namen Rapid Prototyping Technologies

---

[1] Vgl. *Bitkom e.V.*, Mehr als jedes vierte Industrieunternehmen setzt auf 3D-Druck
[2] Vgl. *Bitkom e.V.*, 3D-Druck im Hausgebrauch
[3] Vgl. *Meisinger*, 3D-Druck von Baumkuchen bis Bioprinting. Technologieüberblick und Bewertung von Zukunftsaussichten, S. 1
[4] Vgl. *3D Printing Industry*, The Free Beginner's Guide

publiziert. Diese Bezeichnung hat sich bis in die heutige Zeit durchgezogen. Dieses Verfahren wurde als schnellere und kostengünstigere Alternative zur herkömmlichen Prototypenentwicklung konzipiert. Als Basis dieser neuen Prototypenentwicklung dienten schon damals CAD-Daten, welche ohne manuelle Eingriffe und kostenintensive Werkzeugformen schnell und einfach in Werkstücke oder Muster transformiert werden konnten.[5] Die allererste Patentanmeldung für Rapid Prototyping Technologien wurde von Dr. Kodama im Mai 1980 in Japan eingereicht. Leider konnte die Patentschrift innerhalb der einjährigen Frist nicht vervollständigt werden. Dadurch wurde die Patentanmeldung für nichtig erklärt.

Die Ursprünge des 3D-Drucks gehen somit auf das Jahr 1986 zurück, wo es die erste richtige Patentanmeldung von Charles (Chuck) Hall zur Stereolithographie (SLA) gab. Die erste SLA Maschine wurde vom ihm im Jahre 1983 entwickelt. Fortan wurde diese Technologie weiterentwickelt und ab 1988 verkauft. Eine weitere Patentanmeldung mit der neuen Technologie Selektives Lasersintern (SLS) wurde im Jahre 1987 von Carl Deckard eingereicht. Eine weitere Technologie mit dem Namen Fused Deposition Modeling (FDM) wurde von Scott Crump im Jahre 1989 eingereicht. Im Laufe der Jahre wurde noch viele weitere Drucktechnologien von diversen Entwicklern patentiert. Der Fokus bei diesen Technologien lag immer auf dem industriellen Sektor. Dadurch konnte keiner dieser Technologien bis dato den globalen Markt erobern. Die Preise der 3D-Drucker waren für den Markt viel zu hoch. Im Jahre 2007 kam schließlich ein kleiner Durchbruch. Es wurde ein 3D-System für unter 10.000$ auf dem Markt angeboten. Da dieser Preis für viele Privatkunden immer noch zu teuer ist, wird stetig versucht den Preis nach unten zu korrigieren [6].

---

[5] Vgl. *Fastermann*, 3D-Druck/Rapid Prototyping: Eine Zukunftstechnologie – kompakt erklärt, *S. 5*.
[6] Vgl. *3D Printing Industry*, The Free Beginner's Guide

Anm. der Red.: Diese Abb. wurde aus urheberrechtlichen Gründen entfernt.

Abbildung 1: Gartner Hype-Zyklus[7]

In Abbildung 1 wird der Hype-Zyklus der Firma Gartner aus dem Jahre 2017 dargestellt. In diesem sind die Trends der zukünftigen 3D Technologien aufgeführt. Die X-Achse beschreibt den zeitlichen Verlauf des Produkts/Trends, während die Y-Achse die Erwartungshaltung beschreibt. Die Trends Drucken von 3D Hörgeräten und 3D Druck von Prototypen haben laut der Darstellung das Plateau der Produktivität erreicht, während z.B. die Trends Bioprinting und das 3D Drucken von Drogen sich bisher im Bereich Technischer Auslöser befinden. Die weiteren zeitlichen Bereiche „Höhepunkt der überzogenen Erwartungen", „Das Tal der Enttäuschungen" und „Der Pfad der Erleuchtung" beinhalten diverse Trends in unterschiedlichen Entwicklungsstadien.

---

[7] *Gartner*, Hype Cycle for 3D Printing, 2017

3. Druckverfahren

In Diesem Kapitel werden die unterschiedlichen Technologien und Druckverfahren beleuchtet. Es wird im Buch von Fastermann zwischen 15 verschiedene Druckverfahren unterschieden[8]. Aufgrund des begrenzten Umfangs der wissenschaftlichen Arbeit, werden nicht alle Druckverfahren thematisiert.

3.1 Begriffserklärungen

Im Bereich des 3D-Drucks werden Fachbegriffe teilweise unterschiedlich definiert. Um eine einheitliche Basis herzustellen, werden im Folgenden die Begriffe Additive Fertigungsverfahren, generative Fertigungsverfahren, Rapid Prototyping und Rapid Tooling näher erläutert.

3.1.1 Additive Fertigungsverfahren

Als additive Fertigungsverfahren werden alle Fertigungsverfahren bezeichnet, die Werkstücke durch Aufstapeln oder Aufschichten von Volumenelementen, vorzugsweise schichtweise, automatisiert herstellen. Der englische Begriff lautet Additive Manufacturing und beide Begriffe sind VDI bzw. ISO genormt [9].

3.1.2 Generative Fertigungsverfahren

Das generative Fertigungsverfahren wird in einer Vielzahl der Literatur mit dem additiven Fertigungsverfahren gleichgesetzt. Dr.-Ing. Andreas Gebhardt definiert generative Fertigungsverfahren als eine spezielle Form der additiven Fertigung. Generative Fertigungsverfahren zeichnen sich dadurch aus, dass hier die gewünschte Geometrie durch das Aneinanderfügen von Volumenelementen geschaffen wird. Neben der Geometrie entstehen bei dem Herstellungsprozess auch die Stoffeigenschaften des Werkstücks. Eine Unterscheidung zwischen additiver Fertigung und generativer Fertigung wird in der Praxis jedoch sehr selten

---

[8] *Fastermann*, 3D-Druck/Rapid Prototyping: Eine Zukunftstechnologie - kompakt erklärt, S. 117 ff.
[9] Vgl. *Gebhardt*, Additive Fertigungsverfahren Additive Manufacturing und 3D-Drucken für Prototyping - Tooling – Produktion, S. 2

vorgenommen [10]. In dieser Arbeit werden die Begriffe additiv und generativ als Synonym verwendet.

3.1.3 Rapid Prototyping

Rapid Prototyping bezeichnet die Anwendung von additiver Fertigungstechnologie zur Herstellung von Prototypen. Prototypen weisen im Grunde genommen einzelne, für die Anwendung repräsentative Eigenschaften des späteren Produkts auf. Sie sind daher gegenüber dem späteren Produkt durch eine größtmögliche Abstraktion gekennzeichnet. Das Ziel von Rapid Prototyping ist die schnelle und einfache Herstellung von Werkstücken, um aussagekräftige Eigenschaften des Zielprodukts frühestmöglich abzusichern. Rapid Prototyping Werkstücke werden oft als Modelle bezeichnet, da es eine vereinfachte Darstellung des endgültigen Werkstücks zeigt und es nicht für weitere Produktionsschritte verwendet wird. Serienidentische Prototypen gibt es daher nicht, da jedes Werkstück individuell produziert wird und individuelle Eigenschaften besitzt. Prototypen, welche zur Absicherung von Produkteigenschaften hergestellt werden, nennt man Funktionsprototypen [11].

3.1.4 Rapid Manufacturing

Rapid Manufacturing bezeichnet die Anwendung von additiven Fertigungstechnologien zur Herstellung von Bauteilen, welche die Eigenschaften des endgültigen Werkstücks aufweisen. Diese Bauteile können sowohl als positive Elemente, beispielsweise Stecker oder ähnlichem als Einzelstücke oder als kleine Serienprodukte, als auch als Negative Elemente, wie Werkzeuge oder Werkzeugeinsätze, hergestellt werden. Das Herstellen von positiven Elementen wird als Direct Manufacturing- und das Herstellen von negativen Elementen wird als Direct Tooling bezeichnet[12].

3.2 Selektives Lasersintern (SLS)

Beim selektiven Lasersintern wird das pulverförmige Ausgangsmaterial schichtweise versintert und somit Schicht für Schicht zu einem dreidimensionalen Objekt aufgebaut. Es wird

---

[10] Vgl. *Gebhardt*, Additive Fertigungsverfahren Additive Manufacturing und 3D-Drucken für Prototyping - Tooling – Produktion, S. 1
[11] Vgl. ebd., S. 6
[12] Vgl. ebd., S. 8 ff.

dabei ein Laser verwendet, welcher die Kügelchen an den zuvor in der Konstruktion definierten Stellen untereinander verschmelzt. Dies bedeutet, dass die kleinen Partikel durch den Laser an der Oberfläche untereinander verschmolzen werden. Die Einwirkzeit des Lasers auf das Pulver ist sehr kurz. Daher muss die Temperatur des Pulvers zum Sintern des Objekts möglichst nah an die Schmelztemperatur gebracht werden. Ist eine Ebene gedruckt, wird der Bauraum um eine Ebene nach unten gesenkt. Anschließend wird mit einer Rakel die Oberfläche geglättet und neues Pulver aufgetragen. Dieser Vorgang wird Ebene für Ebene wiederholt, bis der Druckvorgang abgeschlossen ist. Es können außer des pulverförmigen Ausgangsmaterials auch Polycarbonate, Polyamide, Metalle und Sande als Druckmaterial verwendet werden [13]. Eine Besonderheit dieses Druckverfahrens ist, dass keine Stützkonturen erforderlich sind, da das Pulverbett genügend Halt für Überhänge bietet. Nach dem Druckvorgang muss das Überschüssige Pulver vom Objekt entfernt werden. Dies kann sehr aufwändig sein. Die Genauigkeit des Bauteils wird durch den Durchmesser des Laserstrahls und die Größe der einsetzten Pulverpartikel begrenzt [14]. Bei diesem Herstellungsverfahren muss beachtet werden, dass das Objekt kurz nach dem Fertigstellen ein größeres Volumen hat als in der endgültigen Form, da es nach dem abkühlen an Volumen verliert. Durch zu schnelles abkühlen, können Risse und Verformungen entstehen. Daher sollte der Abkühlprozess kontrolliert erfolgen. Durch die Korngröße des eingesetzten Pulvers erhalten die Objekte meiste eine etwas raue und poröse Oberfläche. Der Porosität kann man entgegenwirken, indem das fertige Objekt in ein flüssiges Kupfer- oder Harzbad tränkt.

---

[13] Vgl. *Fastermann*, 3D-Drucken, S. 30
[14] ebd., S. 31

In Abbildung 2 wird der Vorgang des selektiven Lasersinterns gezeigt.

Anm. der Red.: Diese Abb. wurde aus urheberrechtlichen Gründen entfernt.

Abbildung 2: Selektives Lasersintern[15]

Die Vorteile vom SLS-Verfahren sind insbesondere die hohe mechanische Belastbarkeit und die große Auswahl an zur Verfügung stehenden Druckmaterialien. Große Hersteller innerhalb der Luftfahrtindustrie stellen vermehrt Flugzeugbauteile durch dieses Verfahren her[16].

3.3 Fused Deposition Modeling (FDM)

Fused Deposition Modeling, auch Fused Filament Fabrication (FFF), ist ein durch die Firma Stratasys geschütztes Schmelzschichtverfahren, welches in den meisten 3D-Druckern für den Privatbereich Anwendung findet[17].

---

[15] *protec3d.de*, Selektives Lasersintern, wir erklären es Ihnen! 2017
[16] Vgl. *Fastermann*, 3D-Drucken, S. 31
[17] Vgl. *Hagl*, Das 3D-Druck-Kompendium, S. 25

Anm. der Red.: Diese Abb. wurde aus urheberrechtlichen Gründen entfernt.

Abbildung 3: Funktionsweise von FDM[18]

Es können bei diesem Druckverfahren nur Druckmaterialien verwendet werden, welche sich bei Erhitzung verformen lassen, beispielsweise ABS oder PLA. Das Drahtförmige Kunststoff- oder auch Wachsmaterial wird bis kurz unter den Verflüssigungspunkt erhitzt. Mit Hilfe einer Extrosionsdüse, Heizspirale und der Antriebsräder innerhalb des Extrusionskopfs wird es Schicht für Schicht auf das bereits erstarrte Material auf der Bauplattform zu einem Objekt aufgebaut. Die 3D-Drucker, welche mittlerweile in mehr und mehr privaten Haushalten zu finden sind, arbeiten nach dem Prinzip einer Heißklebepistole[19]. In diesem Kontext wird des Öfteren auch der Begriff Extruder oder Extrusion verwendet. Extrusion bezeichnet das Verfahren, bei dem feste bis zähflüssige Massen unter hohem Druck meist auch hoher Temperatur kontinuierlich aus einer formgebenden Düse gepresst werden. Als Extruder wird

---

[18] *CustomPartNet*, Fused Deposition Modeling, 2008
[19] Vgl. *Fastermann*, 3D-Drucken, S. 34

folgerichtig   die   Düse   oder   der   Druckkopf   bezeichnet[20].

Anm. der Red.: Diese Abb. wurde aus urheberrechtlichen Gründen entfernt.

Abbildung 4: FDM Stützkonstruktion[21]

Bei größeren Überhängen ist es nötig, zusätzliche Stützkonstruktionen zu drucken, da das weiche Material nicht sofort erstarrt und nach unten wegknicken oder abbrechen könnte. Auch Bauteile, die sonst anfangs freischwebend wären, werden von Stützkonstruktionen gehalten. Diese Stützkonstruktionen bestehen meistens aus wasserlöslichem Material und müssen nach dem Druck herausgewaschen werden [22]. Ein Beispiel dafür zeigt Abbildung 4.

---

[20] Vgl. *Maschinenbau-Wissen*, Extrusion - Verfahren und Funktionsweise
[21] *Stützkonstruktion*, Fused Deposition Modeling
[22] Vgl. *Fastermann*, 3D-Druck/Rapid Prototyping: Eine Zukunftstechnologie – kompakt erklärt, S. 13

3.4 Weitere Druckverfahren

Stereolithografie (STL)

Bei der Stereolithografie wird ein lichtaushärtender Kunststoff (Photopolymer) – beispielsweise Kunst- oder Epoxidharz – von einem Laser in dünnen Schichten bestrahlt und polymerisiert (ausgehärtet). Der flüssige Kunststoff wird in einem Behälter vorgehalten. Sobald
eine Schicht gedruckt ist, wird die Plattform um einige Millimeter nach unten gefahren. Mithilfe einer Rakel wird der flüssige Kunststoff über der vorherigen Schicht gleichmäßig ver-
teilt. Anschließend fährt ein über bewegliche Spiegel gesteuerter Laser auf die neue Schicht
des herzustellenden Objekts. Nach einer kurzen Pause zum Aushärten der Fläche, wird die
Plattform erneut abgesenkt und die nächste Schicht gedruckt[23]. Es ist aus prozesstechnischen
Gründen nicht sinnvoll, das Bauteil in das flüssige Bad zu drucken. Das Werkstück würde in
diesem Fall einfach wegschwimmen und es würden Stützkonturen erforderlich werden, welche im Abschluss mechanisch entfernt werden müssten. Die bei dem Druckvorgang zurück-
gebliebene Flüssigkeit kann zu einem späteren Zeitpunkt wiederverwendet werden[24].

Film Transfer Imaging (FTI)

Das Film Transfer Imaging Druckverfahren wurde von der Firma 3D System entwickelt und
basiert auf einem Bildprojektionssystem. Es ähnelt stark der Stereolithografie. Beim FTI
wird das Bau-Material jedoch mit einem Beamer anstatt mit einem Laser verfestigt. Beim
Film Transfer Imaging Druckverfahren gibt es – anders als bei der Stereolithografie – auch
kein flüssiges Bad. Stattdessen wird mithilfe einer Transportfolie das noch nicht vollständig
ausgehärtete Bau-Material auf der Bauplattform aufgebracht. Auf der Transportfolie wird
mit Hilfe einer Beschichtungsvorrichtung ein Materialfilm erstellt, welches die ganze Breite
des Bauraums umfasst. Durch die Folie wird das Bauteil belichtet. Dadurch werden die zum
Bauteil und den Stützen angehörigen Teile erhärtet. Das Material, das unbelichtet bleibt,
bleibt an der Folie haften. Die Folie wird, mit dem Bauteil und dem am Bauteil haftenden

---

[23] Vgl. *Fastermann*, 3D-Drucken, S. 37
[24] Vgl. ebd., S. 38

Stützmaterial, nach der Produktion abgezogen. Sowohl Materialreste als auch die die verwendete Folie werden nach dem Druckvorgang in die Druckkartusche zurücktransportiert und zusammen mit dieser ausgewechselt[25].

Digital Light Processing (DLP)

Das Verfahren des Digital Light Processing (DLP) ist eine von dem US-amerikanischen Unternehmen Texas Instruments entwickelte Projektionstechnik und von Texas Instruments als Marke registriert. Beim Digital Light Processing werden die Bauteile in einem Bad produziert. Beim Bauvorgang wird ein flüssiges Photopolymer mit dem hochauflösenden DLP-Projektor polymerisiert. Das Herstellungsverfahren ist dem Film Transfer Imaging Druckverfahren sehr ähnlich. Der wesentliche Unterschied der beiden Druckverfahren ist, dass beim Digital Light Processing die Bauteile in einem Bad entstehen und beim Film Transfer Imaging eine Transportfolie verwendet wird[26].

Laminated Object Modeling (LOM)

Laminated Object Modeling, auch Schicht- (Laminat) Verfahren genannt, verwendet ein einseitig mit thermisch aktivierbarem Klebstoff beschichtetes Papier in Rollenform. Das Papier wird über eine Bauplattform abgerollt und das überschüssige Papier auf der Gegenseite wieder aufgerollt. Mit Hilfe einer beheizten Rolle wird das Papier auf die Bauplattform bzw. auf das schon teilfertige Modell aufgeklebt. Die Kontur wird mit Hilfe eines Laserstrahls ausgeschnitten. Um das gesamte Modell wird ein Rahmen ausgeschnitten, sodass das nicht zum Modell gehörende Papier abgehoben und wieder aufgerollt werden kann. Nicht zum Modell gehörige, innerhalb des Rahmens liegende Teile werden in Karos geschnitten, damit das spätere entformen leichter zu realisieren ist. Nach der Fertigstellung wird der gesamte durch den Rahmen begrenzte Klotz mit dem darin liegenden Modell aus der Maschine herausgenommen und die nicht zum Modell gehörigen Teile abgelöst[27].

---

[25] Vgl. *Fastermann*, 3D-Drucken, S. 40
[26] Vgl. ebd.
[27] Vgl. *Gebhardt*, Grundlagen des Rapid Prototyping: Eine Kurzdarstellung der Rapid Prototyping Verfahren, S.7

4. Druckmaterialien

Im privaten Bereich werden aktuell fast ausschließlich Druckobjekte auf PLA- oder ABS Basis angeboten. Diese werden im Allgemeinen als Filaments[28] bezeichnet. Im industriellen Umfeld werden darüber hinaus eine Vielzahl von anderen Druckmaterialien verwendet, wobei alleine die Eigenschaften der Kunststoffe „von gummiartig bis fest, von transparent bis blickdicht, von neutral bis lebhaft bunt, von Standardkunststoffen bis hin zu bioverträglichen Kunststoffen reichen"[29]. Drucker, welche diese Vielzahl von Druckmaterialien verarbeiten können, sind aus Platz- und Kostengründen für den Privatanwender in der Regel nicht geeignet. Weitere Materialien, welche für den 3D-Druck in Frage kommen können sind Metalle wie z.b. Kupfer oder Bronze, unterschiedliche Kunststoffe wie z.b. Nylon. Darüber hinaus gibt es bereits 3D-Drucker, welche Lebensmittel als Druckbasis verwenden können[30].

Anm. der Red.: Diese Abb. wurde aus urheberrechtlichen Gründen entfernt.

Abbildung 5: 3D-Lebensmitteldrucker[31]

---

[28] Aus dem Lateinischen *filum*, zu Deutsch *Faden*, bezeichnet Filament die fadenförmige Form, in welcher das Ausgangsmaterial in den Drucker gezogen wird
[29] *Stratasys*, Connex3 – Rapid Tooling und Rapid Prototyping mit mehreren Materialien.
[30] Vgl. *Meisinger*, 3D-Druck von Baumkuchen bis Bioprinting. Technologieüberblick und Bewertung von Zukunftsaussichten, S. 13
[31] *Heritage Radio Network*, Food Printer

In Abbildung 5 ist beispielhaft ein 3D-Lebensmitteldrucker aufgeführt, welcher Schokolade als Druckmaterial verwendet.

5. Praktische Anwendungen von 3D-Druck

In diesem Kapitel werden die unterschiedlichen Anwendungsbereiche, in welcher bereits 3D-Druckverfahren verwendet werden, beleuchtet.

5.1 Möbelindustrie

Im Bereich der Möbelindustrie ist stellt der Parameter Design den entscheidenden Faktor dar. Insbesondere an hochpreise Möbel werden Anforderungen, wie beispielsweise innovative Designs und außergewöhnliche Funktionen gestellt. Durch den Einsatz von 3D-Druckern können diese Anforderungen erfüllt werden. Durch 3D-Druckverfahren kann man nahezu jede Geometrie und Form realisieren. Einen großen Vorteil stellt die On-Demand Produktion dar. Hierbei wird erst nach Abruf bzw. Bedarfsmeldung produziert. Dadurch lassen sich große Kosten in der Lagerhaltung einsparen, da die Kapazität minimiert werden kann [32]. Ist es daher realistisch, dass 3D-Druck der Möbelindustrie bald Konkurrenz macht? Laut Fastermann wird, bis es soweit ist, noch eine Weile vergehen. Der Grund dafür ist, dass das 3D-Drucken derzeit sowohl zu teuer als auch zu langsam ist und aus diesen Gründen bisher nicht für die Massenproduktion geeignet ist. Darüber hinaus sind die Bau-Räume der meisten 3D-Drucker zu klein, um in einem Stück große Objekte wie Möbel fertigen zu können. Daher müssen Stühle und Tische bisher noch einzeln gefertigt und am Ende zusammengebaut werden. Es ist dennoch nicht auszuschließen, dass in zukünftigen Möbelhäusern nur noch Möbel-Prototypen ausgestellt sein werden. Es würden dann weitere Stücke erst auf Bestellung produziert. Diese können wiederum auf individuelle Kundenwünsche angepasst und jederzeit modifiziert werden. Ebenso könnten Möbel-Designer in eigenen Studios individuelle Ideen und Kreationen entwerfen und direkt vor Ort verkaufen[33]. Kleiner Objekte wie etwa Lampen

---

[32] Vgl. *Prof. Dr.-Ing. Jürgen Gausemeier*, Thinking ahead of the Future of Additive Manufacturing – Future Applications
[33] Vgl. *Fastermann*, 3D-Drucken, S. 104

und Vasen können bereits zum jetzigen Zeitpunkt als komplette Teile von 3D-Druckern gefertigt werden[34]. Das Unternehmen 3D Systems (ehemals Freedom of Creation) bietet seit
einiger Zeit im eigenen Online Shop 3D-Druck Dienstleistungen für Möbelstücke aus unterschiedlichen Bau Materialien an – z.B. aus Metall oder aus Keramik[35].

5.2 Schusswaffenbau

Die US-amerikanische Gruppe namens Defense Distributed hat im Mai 2013 erstmals CAD-
Dateien hochgeladen, mit denen sich eine Schusswaffe auf einem 3D-Drucker drucken lässt.
Bei der Herstellung dieser Waffe, wurden Anfangs meist industrielle 3D-Drucker verwendet.
Daher startete die Gruppe c't Hacks in Kooperation mit Radioeins einen Selbstversuch, ob
sich diese Schusswaffe auch mit einem günstigen 3D-Drucker herstellen lässt. Das Ergebnis
dieses Tests ergab, dass sich die Schusswaffe mit verblüffender Genauigkeit drucken ließ.
Das Problem hierbei war jedoch, dass sich die Kunststoffteile der Waffe beim abkühlen ver-
zogen haben und dadurch die Geometrie nicht mehr passte. Dadurch ließ sich mit der Waffe
keine Patrone abfeuern. Dies sollte jedoch nicht pauschal als beseitigte Gefahr gesehen werden, da die Waffe bei genügen Druckversuchen zufällig funktionieren könnte[36]. Die große
Gefahr bei dieser Waffenherstellung ist, dass diese sich durch Metalldetektoren nicht aufspü-
ren lassen, da es sich um reine Kunststoffteile handelt. Die US-Regierung ist bis zum Jahre
2018 erfolgreich gegen die Bereitstellung dieser CAD-Dateien im Internet vorgegangen. Nun
folgt ein Sinneswandel, wodurch das Anbieten dieser Druckdateien nicht mehr verboten werden soll. Der Kläger ist die am Anfang erwähnte Gruppe Defense Distributed mit dem Vor-
mund Cody Wilson. Es soll nun eine Online-Datenbank eingerichtet werden, wo sich jeder
Heimanwender die Druckvorlage von diversen Schusswaffen herunterladen kann. Lediglich
Kriegswaffen dürfen nicht angeboten werden. Dies ist für die Bevölkerung ernüchternd, da
innerhalb der US-Regierung einige Sturmgewehre nicht in die Kategorie Kriegswaffen fal-
len[37].

---

[34] Vgl. *Fastermann*, 3D-Drucken, S. 105
[35] www.3dsystems.com
[36] Vgl. *König*, Auf dem Schießstand: Die Pistole aus dem 3D-Drucker
[37] Vgl. *Holland*, Waffen aus dem 3D-Drucker: US-Regierung macht den Weg frei

5.3 Medizinischer Bereich

Additive Fertigungsverfahren bieten im medizinischen Bereich eine Vielzahl von Anwendungsgebieten. Im Dentalbereich bietet 3D-Druck im Vergleich zur konventionellen Herstellung eine Reihe von Vorteilen. Mithilfe additiver Fertigung lässt sich erheblich Zeit einsparen, da das Design des Modellwerkstücks für Zahnersatz binnen 15 Minuten erstellt werden kann. Darüber hinaus ist die Konstruktionsfreiheit der Modellierungssoftware nicht durch das Fertigungsverfahren beschränkt, sodass hoch belastbare, feste aber dennoch filigrane Geometrien hergestellt werden können und unerwünschte Hohlräume im Inneren der Zahnkrone oder Einkerbungen an der Oberfläche verhindert werden können. Werkstücke, welche auf diese Weise hergestellt werden, weisen eine höhere Widerstandskraft als auf herkömmliche Weise gefertigte Objekte, auf. In den meisten Fällen ist auch die Produktion mittels additiver Fertigungsverfahren kostengünstiger[38].

5.4 Luft- und Raumfahrt

Das Themengebiet Luft- und Raumfahrt war eines der ersten Anwendungsfelder für additive Fertigungsverfahren. Flugzeugbauteile werden lediglich in geringen Mengen hergestellt und müssen strengste Materialanforderungen erfüllen. Der Fokus liegt im Luft und Raumfahrt Sektor fast immer auf der Funktionalität als auf dem Preis. Insbesondere, weil in diesem Bereich mit hochwertigen Bauteilen gearbeitet wird, ist der Einsatz von additiven Herstellungsverfahren umso mehr geeignet. Der Einsatz additiver Technologien ist für deren Fortschritt und Weiterentwicklung in diesem Bereich mit einer interessanten Synergiewirkung verbunden. Es sind die Anwender in der Luft- und Raumfahrtindustrie selbst, die den Technologiefortschritt vorantreiben. Sie verbessern Systeme und Materialien, um ihren speziellen Ansprüchen gerecht zu werden, gerade bei Metallteilen. Diese Fortschritte werden früher oder später auf andere Industriebereiche projiziert[39].

---

[38] Vgl. *Leupold/Glossner*, 3D-Druck, additive Fertigung und Rapid Manufacturing: rechtlicher Rahmen und unternehmerische Herausforderung, S. 11
[39] Vgl. *Hagl*, Das 3D-Druck-Kompendium, S. 45

6. Zukunftsaussichten

In diesem Kapitel der die Zukunftsaussichten und die Potentiale von 3D-Druckverfahren auf-
gezeigt.

6.1 Militärischer Bereich

Es wird von der US-Navy geplant, 3D-Drucker auf US Kriegsschiffen zu verwenden. Ersatz-
teile, welche nicht mehr von Anfang an mitgeführt werden, könnten bei Bedarf direkt an
Bord hergestellt werden. Auf diese Weise kann man die Anzahl an mitgeführten Ersatzteilen
drastisch reduzieren und dadurch sinken auch die Lagerhaltungskosten[40]. Im Rahmen der
deutschen Bundeswehr könnten 3D-Drucker für die Anpassung von Soldatenausrüstung verwendet werden. Mögliche denkbare Anwendungsfälle wären beispielsweise die Herstellung
von individuell angepassten Schutzmasken, kopfgenauen Helmeinsätzen oder passgenauen
Teilen für de Hörschutz. Es gibt jedoch keine Erwartung über die Produktion von Waffen,
Waffenteilen oder anderen Kriegsgeräten in größeren Dimensionen[41].

6.2 Bioprinting

Der noch jungen Bioprinting Industrie wird eine große Zukunft vorausgesagt. Im Jahr 2014
wurden bereits 537 Millionen US-Dollar mit der Herstellung von Organen im 3D-Druck er-
wirtschaftet[42]. Beim Bioprinting geht es darum, organische Elemente zu drucken. Es wird
hier zwischen zwei Bereichen unterschieden. Der erste Bereich befasst sich mit dem Drucken
von lebenden Zellen und der zweite Bereich mit Drucken von künstlichem Gewebe und Kör-
perteilen. Die Forschung und Entwicklung in diesem Bereich ist bereits sehr weit fortge-
schritten, die Umsetzung dieser jedoch noch nicht. Das Druckmaterial, das sowohl für Fleisch
als auch Gewebe und Organe genutzt wird, wird Bioink genannt[43]. Diese beinhaltet lebende
Zellen in einer Hydrogel-Lösung. Dabei ist es notwendig, dass die Zellen in diesem Medium

---

[40] Vgl. *Stinson*, Dam Neck Explores Future of 3D Printing for Navy
[41] Vgl. *Planungsamt der Bundeswehr*, Potenziale additiver Fertigungsverfahren Was können 3D-Drucker?
[42] Vgl. *Leupold/Glossner*, 3D-Druck, additive Fertigung und Rapid Manufacturing: rechtlicher Rahmen und
unternehmerische Herausforderung, S. 9
[43] Vgl. *Mitchell*, Bioprinting: Techniques and Risks for Regenerative Medicine, S. 4 ff.

überlebensfähig sind. Ist sie zu flüssig, verläuft die gedruckte Form, bevor sie trocknen kann. Ist die Tinte hingegen zu fest, besteht die Gefahr, dass die Druckerdüse verstopft[44].

Wie lange es dauern wird, bis funktionstüchtige Organe gedruckt werden können, ist zum jetzige Zeitpunkt noch nicht abzusehen. Die meisten Quellen geben keinen Zeitraum an, der Rest geht von mehreren Jahren aus. Es bleibt auch die Frage, ob ein solches Organ endgültig im Körper verbleiben kann oder ob es nur eine Übergangslösung darstellt, während der Patient weiter auf ein Spenderorgan wartet[45]. Es ist am ehesten mit Geweben wie Haut oder Knorpel zu rechnen, da diese Herstellungsverfahren bereits verfolgt werden und in Zukunft weiter eine Optimierung zu erwarten ist. Organe stellen eine besondere Herausforderung für die Entwickler dar, da das Konstrukt aus Adern, unterschiedlichen Zelltypen und Nervensystemen sehr komplexes Gebilde ist[46].

7.   Fazit

Aussagen wie „3-D-Druck leitet dritte industrielle Revolution ein"[47] oder „3D-Druck wird alle Industriezweige umkrempeln"[48] finden sich in vielen Publikationen wieder. Es gibt sehr viele Stimmen, die das Potential sehen, die weltweite Wirtschaft im Bereich der Nachhaltigkeit zu revolutionieren und zu verändern. Es herrscht im Bereich des 3D-Druck eine große Erwartungshaltung, welche von dem momentanen 3D-Hype getrieben wird. Es wird jedoch in vielen Fällen außer Acht gelassen, dass viele Produkte einen komplexen Aufbau aus unterschiedlichen Materialien aufweisen. Daher gibt es bis heute keine bekannten Fälle, wo beispielsweise Fernseher, Notebooks oder Smartphones als ganzes gedruckt worden sind. Die Positionierung der meisten Punkte im Hype-Zyklus durch Gartner vor dem Höhepunkt der überzogenen Erwartungen (vgl. Abbildung 1, Seite 3) wird durch diese These untermau-

---

[44] Vgl. *Meisinger*, 3D-Druck von Baumkuchen bis Bioprinting. Technologieüberblick und Bewertung von Zukunftsaussichten, S. 27
[45] Vgl. *Melchels u. a.*, Additive manufacturing of tissues and organs, S. 1100
[46] Vgl. *Kang u.a.*, A 3D bioprinting system to produce human-scale tissue constructs with structural integrity
[47] *Michler*, 3-D Druck leitet dritte industrielle Revolution ein
[48] *Domscheit-Berg*, 3D-Druck wird alle Industriezweige umkrempeln

ert. Zusätzlich wird der Begriff des 3D-Drucks zum aktuellen Zeitpunkt sehr inflationär verwendet. Immer wieder fanden sich während der Recherche Berichte, die etwa das Herausschneiden eines Objektes aus einem Block mit einer CNC-Fräse oder das Aufsprühen einer einzelnen Schicht auf ein dreidimensionales Grundmodell als 3D-Druck bezeichneten[49]. Zweifelsfrei werden diese Herstellungsverfahren jedoch einen großen Einfluss auf die Produktion spezieller Elemente und Bauteile in der industriellen Fertigung sowie im Medizinbereich haben.

---

[49] Vgl. *Meisinger*, 3D-Druck von Baumkuchen bis Bioprinting. Technologieüberblick und Bewertung von Zukunftsaussichten, S. 30

Literaturverzeichnis

Alexander H. (2016). Selektives Lasersintern, wir erklären es Ihnen! - 3Dnatives. Retrieved July 13, 2018, from https://www.3dnatives.com/de/selektives-lasersintern/

Andreas Gebhardt. (2004). Grundlagen des Rapid Prototyping: Eine Kurzdarstellung der Rapid Prototyping Verfahren. *Rtejournal*. Retrieved from http://opus.bibliothek.fh-aachen.de/frontdoor/index/index/docId/136

Anke Domscheit-Berg. (2015). 3D-Druck wird alle Industriezweige umkrempeln - manager magazin. Retrieved July 19, 2018, from http://www.manager-magazin.de/digitales/it/3d-druck-wird-alle-industriezweige-umkrempeln-a-1039419.html

Fastermann, P. (2012). *3D-Druck/Rapid Prototyping : Eine Zukunftstechnologie - kompakt erklärt*. Springer Berlin. Retrieved from https://books.google.de/books/about/3D_Druck_Rapid_Prototyping.html?id=QDd7Okf4t5EC&redir_esc=y

Fastermann, P. (2014). *3D-Drucken*. Berlin, Heidelberg: Springer Berlin Heidelberg. https://doi.org/10.1007/978-3-642-40964-6

Gebhardt, A. (2016). *Additive Fertigungsverfahren Additive Manufacturing und 3D-Drucken für Prototyping - Tooling - Produktion*. Retrieved from https://books.google.de/books?hl=de&lr=&id=UYgpDwAAQBAJ&oi=fnd&pg=PP15&dq=additive+fertigungsverfahren+&ots=k7Lfe-GUN2N&sig=6HZDpFdx5PT_wgZhH5orMXBz9YI#v=onepage&q=additive fertigungsverfahren&f=false

Hagl, R. (2015). 3D-Druck-Technologien. In *Das 3D-Druck-Kompendium* (pp. 15–35). Wiesbaden: Springer Fachmedien Wiesbaden. https://doi.org/10.1007/978-3-658-07047-2_2

Inga Michler. (2014). 3-D-Druck leitet dritte industrielle Revolution ein. Retrieved July 19, 2018, from https://www.welt.de/wirtschaft/article128614810/3-D-Druck-leitet-dritte-industrielle-Revolution-ein.html

Jana Meisinger. (2016). *3D-Druck von Baumkuchen bis Bioprinting. Technologieüberblick und Bewertung von Zukunftsaussichten von Jana Meisinger – Bücher bei Google Play*. GRIN Verlag.

Kang, H.-W., Lee, S. J., Ko, I. K., Kengla, C., Yoo, J. J., & Atala, A. (2016). A 3D bioprinting system to produce human-scale tissue constructs with structural integrity. *Nature Biotechnology, 34*(3), 312–319. https://doi.org/10.1038/nbt.3413

König, P. (n.d.). Auf dem Schießstand: Die Pistole aus dem 3D-Drucker | Make. Retrieved July 19, 2018, from https://www.heise.de/make/meldung/Auf-dem-Schiessstand-Die-Pistole-aus-dem-3D-Drucker-1972516.html

Leupold, A., & Glossner, S. (n.d.). *3D-Druck, additive Fertigung und Rapid Manufacturing : rechtlicher Rahmen und unternehmerische Herausforderung.* Retrieved from https://books.google.de/books?hl=de&lr=&id=x4K-CwAAQBAJ&oi=fnd&pg=PR2&dq=3D-Druck+eröffnet+neue+Wege+für+die+Fertigung+maßgeschneiderter+medizinischer+Geräte&ots=uJ_-lOh7H3&sig=a9TeH4ASh1zkIlerfxbHACX5i6c#v=onepage&q&f=false

Lipson, P. H. (n.d.). Heritage Radio Network. Retrieved July 14, 2018, from http://heritageradionetwork.org/podcast/what-doesn-039-t-kill-you-episode-150-professor-hod-lipson/

Martin Holland. (n.d.). Waffen aus dem 3D-Drucker: US-Regierung macht den Weg frei | heise online. Retrieved July 19, 2018, from https://www.heise.de/newsticker/meldung/Waffen-aus-dem-3D-Drucker-US-Regierung-macht-den-Weg-frei-4107862.html

Melchels, F. P. W., Domingos, M. A. N., Klein, T. J., Malda, J., Bartolo, P. J., & Hutmacher, D. W. (2012). Additive manufacturing of tissues and organs. *Progress in Polymer Science, 37*(8), 1079–1104. https://doi.org/10.1016/J.PROGPOLYMSCI.2011.11.007

Mitchell, M. G. (n.d.). *Bioprinting : techniques and risks for regenerative medicine.* Retrieved from https://books.google.de/books?id=OBV2DQAAQBAJ&printsec=frontcover&dq=Bioprinting+Techniques&hl=de&sa=X&ved=0ahUKEwj02czS36rcAhVBJ1AKHW-GA9gQ6AEIKzAA#v=onepage&q=Bioprinting Techniques&f=false

Prof. Dr.-Ing. Jürgen Gausemeier. (2012). Thinking ahead the Future of Additive Manufacturing – Future Applications. *Thinking Ahead the Future of Additive Manufacturing – Analysis of Promising Industries - Future Applications.*

Shutterstock/nikkytok. (2014). in der Praxis. https://doi.org/10.1007/978-3-540-92839-3

Taylor N. Stinson. (2014). *Dam Neck Explores Future of 3D Printing for Navy.* Retrieved from http://www.navy.mil/submit/display.asp?story_id=81936

Teresa Maria Tropf. (2018). Mehr als jedes vierte Industrieunternehmen setzt auf 3D-Druck. Retrieved July 18, 2018, from https://www.bitkom.org/Presse/Presseinformation/Mehr-als-jedes-vierte-Industrieunternehmen-setzt-auf-3D-Druck.html

Freedom Of Creation Blog | 3D Systems. (n.d.). Retrieved July 18, 2018, from https://www.3dsystems.com/blog/foc

Connex3 – Rapid Tooling und Rapid Prototyping mit mehreren Materialien | Stratasys. (n.d.). Retrieved July 14, 2018, from http://www.stratasys.com/de/3d-drucker/production-series/connex3-systems

Extrusion - Verfahren und Funktionsweise. (n.d.). Retrieved July 14, 2018, from http://www.maschinenbau-wissen.de/skript3/werkstofftechnik/kunststoffe/392-extrusion

Fused Deposition Modeling (FDM). (2008). Retrieved July 13, 2018, from http://www.custompartnet.com/wu/fused-deposition-modeling